LE COIN DES ARTISTES

voyage au pays des loisirs!

Loi n°49 - 956 du 16 juillet 1949
sur les publications destinées à la jeunesse.

Copyright :
Gamma Jeunesse
7, rue Saint-Lazare
75 009 Paris
tous droits de traduction
et d'adaptation réservés
pour tous pays

© Gamma Jeunesse
Dépôt légal : octobre 2005
ISBN : 2 - 7130 - 2047 - 6
EAN : 9 -782713-020476

Exclusivité au Canada :
Éditions École Active
2244, rue de Rouen, Montréal
Qué. H2K 1L5
Dépots légaux : octobre 2005 Bibliothèque Nationale du Québec.
Bibliothèque Nationale du Canada.
ISBN : 2 - 89069 - 789 - 4

Directeur de collection : Paul Andréa Lémani
Coordination du projet : Willy Aboulicam
Maquette : A la folie

© Dipa S.A.S.
Avec l'autorisation des Éditions Dipa-Burda
burda

Impression : Delo Tiskarna, Ljubljana Printed in Slovenia / Imprimé en Slovénie

LE COIN DES ARTISTES

Voyage au pays des loisirs !

GAMMA Jeunesse | ÉCOLE ACTIVE

Bienvenue au pays des loisirs !

Le coin des artistes » regroupe des modèles et objets décoratifs, des bijoux, petits tableaux, personnages et objets utiles que l'on pourra réaliser sans sortir de la maison. Les dessins qui peuvent vous servir pour réaliser les modèles sont regroupés à la fin du livre.des index vous permettent de retrouver vos modèles préférés.

Vous pouvez trouver facilement le matériel mentionné dans les encadrés « Ce qu'il te faut » dans les magasins de loisirs créatifs ou en grande surface. Les marques sont citées à titre indicatif. En cas de difficulté, vous trouverez page 62 les adresses et téléphones des principales grandes marques mentionnées dans ce livre. Le plus souvent, des produits équivalents sont disponibles dans d'autres marques.

Classement par technique (voir index page 63)

Explication de montage illustrée

Illustration du modèle à réaliser

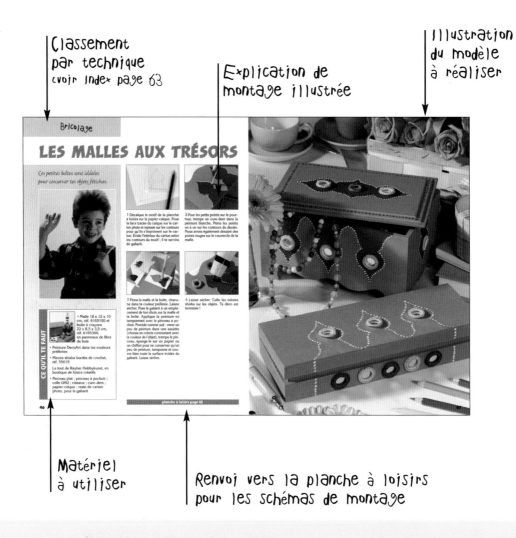

Matériel à utiliser

Renvoi vers la planche à loisirs pour les schémas de montage

4

SOMMAIRE

A CHACUN SA TASSE

Les peintures sur porcelaine permettent de réaliser facilement de jolis cadeaux.
Les peintures sont cuites au four.

Photo : Jatho

Conseil :

Tu peux aussi peindre les pots, les faïences et les objets en zinc avec des marqueurs spécial porcelaine.

1 Avant de commencer à peindre, il faut bien laver la tasse avec du produit vaisselle, afin de la débarrasser de toute trace de graisse et de poussière. Choisis un tracé de motif ci-contre et reporte-le sur le papier-calque. Tourne ensuite le papier-calque et trace les contours encore une fois à partir du dos. Puis colle le tracé du motif sur la tasse et retrace les contours au crayon à papier, les contours sont ainsi reportés sur la tasse.

2 Retire le tracé du motif de la tasse et colore-le avec les crayons-pinceaux pour peinture sur porcelaine. Avant de peindre, il faut secouer énergiquement les crayons pour que la pointe se gonfle bien de peinture. Lorsque le motif est peint, laisse sécher la peinture 8 – 10 heures. Puis place les tasses dans le four froid, règle la température sur 160°C et une fois celle-ci atteinte, fais cuire 40 min. Eteins le four et laisses-y refroidir les tasses au four.

MAGIE DES BOUGIES

Pour un anniversaire ou la fête des mères, ces bougies représentent des cadeaux attentionnés. Elles égayent une jolie table.

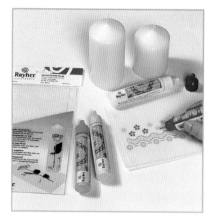

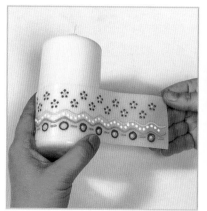

1 Reporte le tracé du motif sur le papier-calque. Colle le dessin sous la feuille de papier fin et place la plaque de cire en l'ajustant sur le motif. Retrace les motifs aux crayons à bougies. Pour les motifs, voir ci-contre et ci-dessous.

2 Après séchage, retire délicatement la plaque de cire de la feuille de papier fin : il suffit de couper les morceaux de plaque vierges. Réchauffe la plaque entre tes mains et fais-lui épouser la forme de la bougie, presse-la délicatement.

Photo : U-Zwei Fotodesign ; Stylisme K.A. Moisel

COUSSINS PARFUMÉS

Des minicoussins remplis de noyaux de cerises ou d'herbes aromatiques et de fleurs, sont des présents très appréciés.

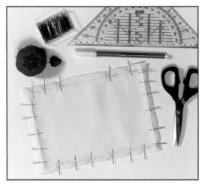

Photo : Thomas Huber

Conseil :

Tu peux coudre des petites nappes à partir de chutes de tissu.

CE QU'IL TE FAUT

- 1 sachet de noyaux de cerises (Opitec)
- Env. 25 x 35 cm de chutes de tissu
- Fil à coudre assorti
- Ciseaux pour broderie et bricolage ; aiguilles ; mètre ruban ; triangle combiné ; pelote à aiguilles ; un aqua trickmarker (fournitures Prym)

1 Dans les chutes de tissu, découpe deux rectangles de 22 x 15 cm chacun. Pour t'aider, tu peux utiliser le triangle combiné et le trickmarker. Les traces de lignes s'en iront au lavage ou repassage. Dessines à 1 cm des bords extérieurs, les lignes de couture. A l'un des bords, marque une fente d'env. 6 cm de large. Epingle les deux pièces de tissu ensemble (l'endroit du tissu se trouve sur l'envers, comme indiqué sur la photo). N'épingle pas la fente ! Epingle les aiguilles en angle droit par rapport au bord du tissu.

2 Pique les pièces de tissu ensemble le long des lignes marquées. Ne couds pas la fente ! Au début et à la fin de la couture, pique environ 1 cm en arrière : il existe une fonction spéciale sur la machine à coudre te permettant de faire cette manipulation. Demande l'aide d'un adulte ! En cousant vers l'arrière, saisis le fil dans la couture. Il est ainsi bien arrêté.

3 Tu peux à présent retirer les aiguilles et retourner la housse. Fais légèrement glisser les bords entre tes doigts, afin qu'ils remontent bien vers l'extérieur. Repasse la housse et remplis-la de noyaux de cerises. Pour chaque coussin, nous avons employé la moitié d'un sachet de noyaux de cerises. Ferme la housse de coussin à l'aide de petits points à la main.

CŒURS DE COUSSINS

Sous le signe du cœur : les coussins sont rebrodés de perles et paillettes, puis remplis de lavande.

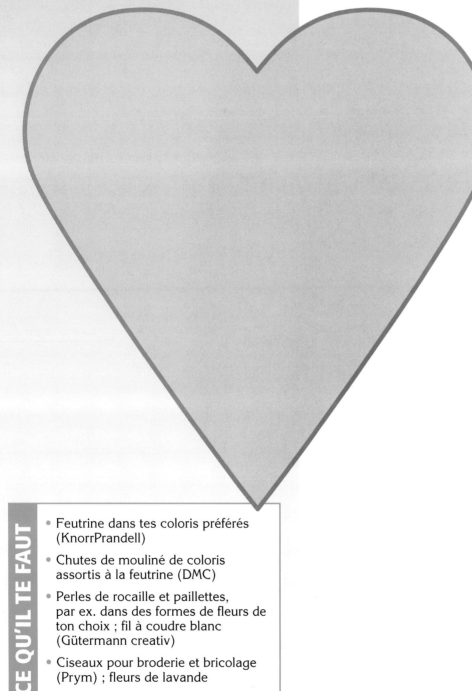

1 Reporte le tracé du motif sur le papier-calque, découpe-le et pour chaque coussin, reporte 2 fois la forme de cœur sur la feutrine. Découpe-les. Orne à ton envie le devant de perles et paillettes. Voici comment procéder pour broder les perles : enfile le fil dans l'aiguille, fais un double nœud et pique à travers la feutrine de bas en haut. Prends une paillette, puis une perle sur l'aiguille et avec celle-ci, reviens en arrière en piquant dans les paillettes. De cette façon, la perle retient la paillette. Puis à côté, sors à nouveau l'aiguille du bas vers le haut. Enfile une paillette et une perle.

2 Lorsque tu as brodé une partie du cœur selon tes désirs, superpose les deux cœurs. La partie brodée se trouve au-dessus. Le cœur est assemblé par de petits points devant avec du mouliné 2 brins. Le mouliné comprend toujours 6 brins, il faut donc le départager. Ne ferme pas entièrement le cœur : laisse une fente d'environ 6 cm de long (laisse simplement pendre l'aiguille avec le fil). Remplis le cœur de lavande à l'aide d'une cuiller à café. Ferme la fente. Arrête bien le fil au bout. Tu peux placer les coussins parfumés dans l'armoire entre ton linge.

CE QU'IL TE FAUT

- Feutrine dans tes coloris préférés (KnorrPrandell)
- Chutes de mouliné de coloris assortis à la feutrine (DMC)
- Perles de rocaille et paillettes, par ex. dans des formes de fleurs de ton choix ; fil à coudre blanc (Gütermann creativ)
- Ciseaux pour broderie et bricolage (Prym) ; fleurs de lavande
- Papier-calque

CRABTREE & EVELYN

CRABTREE & EVELYN

CRABTREE & EVELYN
Drawn from Nature
Lavender
Soap

L'OCCITANE
EN PROVENCE

L'OCCITANE
EN PROVENCE

JOYEUX ANNIVERSAIRE !

Le window-color est une superbe technique, grâce à laquelle tu peux aussi confectionner de merveilleux cadeaux !

Photo : Phovoir

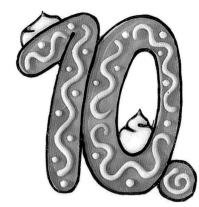

1 Reporte le tracé du motif de la planche à loisirs page 54 sur le papier-calque et place-le sous la feuille spéciale moulin à vent. Fixe le tracé du motif par des bandes adhésives. Tu peux tracer à présent tous les contours à la pâte à cloisonner, à l'exception des décorations dans le chiffre. Laisse sécher.

2 Après séchage, remplis toutes les surfaces de peinture, à l'exception des surfaces en gris. Peins les décorations à l'intérieur du chiffre en blanc, mais seulement lorsque que la peinture brune est bien sèche.

3 À partir du moment où toutes les peintures sont sèches, tu peux remplir les surfaces grises de peinture. Saupoudre celles encore humides de poudre velours et souffle pour enlever le surplus. Après séchage, découpe la souris le long des contours. A l'une des extrémités, tords deux petites spirales. Pique le fil de fer dans le gâteau, raccourcis-le si besoin est. Les spirales dépassent vers le haut : tu peux y glisser la souris.

planche à loisirs pages 50/51

14

MESSAGE D'AMOUR

Vite, un ange à la rescousse !
Ce messager du ciel sera
toujours le bienvenu !

Photo : Wilfried Beege.

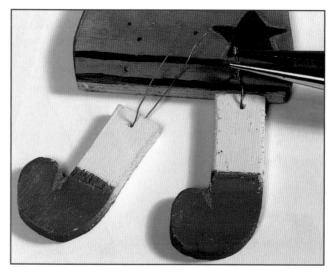

1 Reporte le tracé du motif de la planche page 58 sur le papier-calque et découpe-le. Reporte le contour extérieur 2 fois sur le contreplaqué et découpe-le à la scie. Lisse les bords. Un adulte pourra te percer les trous sur les coins. Applique une couche de fond rouge sur tous les côtés. Pour les décorations et l'inscription, emploie le feutre doré. Fixe les mains et les pieds au corps avec du fil de fer et colle le petit panneau et les ailes.

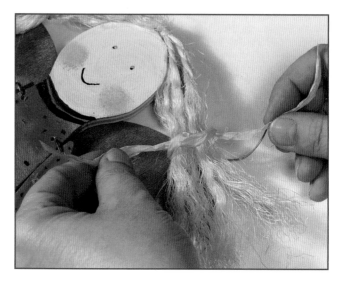

2 Pour les cheveux, coupe des bouts de ficelle d'environ 30 cm de long et noue-les au milieu. Ouvre la ficelle et noue les tresses avec du raphia. Si tu veux, tu peux aussi faire des tresses ou une coupe courte. Les cheveux collent particulièrement bien si tu les appliques à l'aide du pistolet de colle à chaud. Attention, la colle risque de devenir très chaude !

CE QU'IL TE FAUT

- Env. 40 x 30 cm de contreplaqué, 5 mm d'épaisseur ; toile émeri ; scie à chantourner ; perceuse à bois (Opitec)
- Peintures Decormatt et vernis à l'eau mat (Marabu)
- Papier-calque ; pinceau
- Colle universelle UHU Kraft ou à chaud UHU ; fil de fer ; ficelle en sisal pour les cheveux
- Feutre doré à pointe épaisse

planche à loisirs page 54

16

UN LAPIN À LA FENÊTRE

Un petit lapin coquet à la fenêtre.
Il n'est pas facile à réaliser,
mais il ne rate pas son effet !

Photo : Phovoir

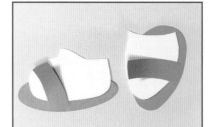

1 Reporte séparément chaque partie du tracé du motif page 57 sur le papier-calque. Retrace les contours au dos, puis sur la cartoline. Sur le plan de coupe, tu peux voir combien de fois il faut découper chaque pièce. Colle-les toutes ensemble. Glisse les pieds dans les languettes incisées des chaussures et colle-les. Fais de même pour l'arrière, mais en miroir.

4 Maintenant tu peux coller les pattes sous la partie de pantalon avant. Colle cette pièce sur la surface qui fait pelouse et la petite pelouse par-dessus (voir photo). Retourne le tout et au dos, colle d'abord les pattes, le pantalon et la petite pelouse, ensuite la veste, le col et les différentes pièces du visage, ainsi que les oreilles.

2 Colle les pois sur les œufs, puis colle-les dans les mains et assemble l'avant et l'arrière. Colle les pièces de carotte pour l'avant ensemble, colle les mains ensemble pour l'avant et le dos. Au dos, colle la deuxième pièce de carotte et les fanes vertes. Replie les mains des deux côtés.

5 Nous avons déjà reporté les tracés de la bouche et des yeux à l'étape 3. Pour ceci, reporte les contours du tracé du motif sur le papier-calque. Trace les contours au dos et place le dessin sur le visage. Décalque les contours. Remplis les yeux et les moustaches au feutre noir.

3 Colle à présent les mains sous la partie de veste avant. Colle la tête et le col, puis les différentes pièces du visage et les oreilles.

planche à loisirs pages 52/53

18

TOILES DE MAÎTRES

Une toile quadrillée permet une mise en peinture facile ! Les enfants comme les adultes y trouveront un bel accomplissement.

1 Mets une tache de chaque couleur sur la palette et commence à peindre des petits carreaux à l'endroit qui te convient. Peins chaque petite case à part. Inutile de nettoyer le pinceau entre chaque carreau, tu peux sans transition tremper ton pinceau dans la nouvelle couleur. Tu obtiendras ainsi de jolis effets de mélanges. Tu peux appliquer la peinture en très fine couche, ou opter pour une couche beaucoup plus épaisse à effet plastique. Fais ta propre expérience !

Nous te garantissons le succès de chacun de ces tableaux ! Grâce aux dégradés de couleurs, tu obtiendras un résultat intéressant et esthétique.

2 Le kit comprend également de petits sachets remplis de granulés que tu peux saupoudrer dans la peinture encore humide. Cette technique nécessite une couche de peinture un peu plus épaisse afin que les granulés y restent collés.

Conseil :

Chers parents, commandez une toile supplémentaire, car cette technique du quadrillage plaît aussi aux adultes !

CE QU'IL TE FAUT

- 1 kit toile quadrillée tendue sur cadre (Reeves chez Opitec). Contenu : châssis, pinceau, palette, granulés ; 4 coloris : rouge, orange, jaune et blanc (réf. 410. 669) ou en rouge, bleu, violet et blanc (réf. 410.706).

Toutes les fournitures, les châssis en différentes dimensions et les peintures sont aussi disponibles à la pièce. Pour de plus amples informations : www.quadratologo.de

L'ART DE LA MOSAÏQUE

Vos enfants s'amusent à faire de jolis petits objets, tandis que vous vous risquez à des projets de plus grande envergure, comme le dessus d'une table, par exemple.

Photo : T. Huber

Conseil :

Pots de fleurs, boules en polystyrène ou coupes en verre usagées peuvent trouver une seconde jeunesse grâce aux mosaïques.

<table>
<tr><td rowspan="4">CE QU'IL TE FAUT</td><td>

• Petites pierres de mosaïque « ArtDecor », carrées, 1 x 1 cm, rondes 1 cm Ø ; produit de jointoiement ; colle pour mosaïque ; 4 boules en bois semi-percées, env. 2,5 – 3 cm Ø (Rayher Hobbykunst, disponible en magasins spécialisés)</td></tr>
<tr><td>• Spatule ; éponge ; papier-calque ; bassine usagée ; chiffon blanc</td></tr>
<tr><td>• Plaque en bois, 18 x 18 cm, env. 1 cm d'épaisseur</td></tr>
<tr><td>• Colle à chaud UHU</td></tr>
</table>

1 Reporte le tracé du motif de la planche page 59 sur le papier-calque. Retourne le papier et trace les contours encore une fois sur l'arrière. Puis, place le dessin sur la plaque en bois et trace les contours au crayon à papier. De cette façon, ils seront sont tracés sur le bois.

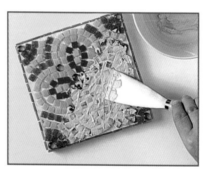

2 Badigeonne le fond de colle et place les mosaïques en procédant étape par étape. Colle aussi des mosaïques sur le bord et laisse sécher le tout. Dans la bassine, mélange le produit de jointoiement à de l'eau (lis le mode d'emploi du fabricant) et étale généreusement le mélange à l'aide de la spatule. Veille à ce que tous les joints soient bien pleins.

3 Enlève le surplus de pâte à joints à l'éponge humide et nettoie soigneusement la mosaïque. Lorsque la pâte à joints est suffisamment sèche, polis les pierres au chiffon afin qu'elles soient bien brillantes. Pour finir, colle les boules en bois en guise de pieds.

planche à loisirs page 55

PETITE EXCURSION

Des idées originales à moindre frais : nos idées-déco avec des boîtes à œufs. N'hésite pas à commencer de suite !

Photo : Phovoir

1 Reporte tout d'abord les tracés du motif séparément sur le papier-calque et découpe-les. Place les pièces sur la mousse cellulaire correspondante, trace les contours et découpe. Peins le bas de la boîte à œufs en blanc et, pour le haut, mélange le blanc au violet. Laisse sécher.

3 Colle les têtes avec le pistolet de colle à chaud. Attention, la colle chauffe énormément : ne la touche pas ! Fais-toi aider d'un adulte. Colle ensemble les différentes pièces des roues et des phares, puis colle-les sur la boîte à œufs à l'aide des pastilles double-face.

2 Colle les oreilles et les moustaches en mousse cellulaire sur les œufs, comme sur la photo ci-dessus. Dessine les visages au feutre indélébile noir. Tamponne les taches dans les yeux à la peinture acrylique blanche.

CE QU'IL TE FAUT

- Des chutes de mousse cellulaire en blanc, rose, jaune, bleu, brun clair et bleu foncé (Marianne Hobby)
- Peinture acrylique mate Hobby Line en blanc 75201 et violet 75206 ; pinceau (le tout C. Kreul)
- Colle universelle ; pastilles double-face de pâte adhésive patafix et pistolet de colle à chaud (UHU) ; feutre noir indélébile ; papier-calque
- 2 œufs soufflés de teinte brune ; boîte à œufs

planche à loisirs page 56

24

LA REINE DES GRENOUILLES

Avec du papier mâché et de l'aluminium, tu peux facilement fabriquer des personnages.

Photo : Jatho

Conseil :

Tu peux aussi modeler une fusée autour d'un verre, tu verras, c'est génial !

CE QU'IL TE FAUT

- Peinture acrylique mate Hobby Line et vernis brillant ; pinceau (le tout de Kreul)
- Mousse cellulaire verte (Marianne Hobby)
- Colle pour papier peint et récipient en plastique pour la préparer
- Ruban adhésif double-face ; papier toilette
- Verre à confiture avec couvercle ; aluminium
- Papier-calque ; ciseaux ; colle universelle UHU

1 Pour la tête, modèle une boule en aluminium et maintiens-la sur le couvercle avec l'adhésif double-face. Prépare la colle pour papier peint dans un récipient en plastique.

2 Déchire des bouts de papier toilette, pose-les au fur et à mesure sur la boule et sur chaque couche, applique aux doigts la colle pour papier peint. Tapisse ainsi toute la boule de 3 à 4 couches de papier.

3 Pour les yeux, forme des boules de papier et colle-les sur la tête. Afin que les yeux tiennent, colle des bouts de papier badigeonnés de colle pour papier peint par-dessus, surtout au niveau des transitions. Fais de même sur le couvercle, de façon à ce que le papier ne le touche pas. Tu peux ainsi facilement dévisser toute la tête avec le couvercle et placer tes babioles dans le verre.

4 Colle également 3 – 4 couches de papier autour du verre et lisse la surface aux doigts. Laisse sécher env. 1 – 2 jours.

5 Après séchage, applique une couche de peinture de base sur ton crapaud. Pour les mains, reporte le tracé de la planche à loisirs sur le papier-calque et découpe le long des contours.

6 Dessine les yeux et la bouche (voir la photo). Place les dessins pour les mains sur le ventre et reporte légèrement les contours au papier-calque. Tu peux ensuite peindre. Reporte également les pattes sur le papier-calque, découpe-les et reporte les contours au crayon à papier sur la mousse cellulaire. Découpe les pattes et colle-les sous le verre.

planche à loisirs page 57

PETITS BIJOUX

Sais-tu que l'on peut non seulement enfiler les perles, mais aussi les tisser ? Voici comment faire.

Photo : Wilfried Beege

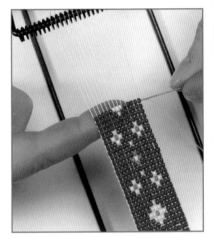

1 Pour obtenir la largeur de ce bracelet tissé, tends 14 fils sur le cadre comme décrit dans les explications. Enfile un long fil dans l'aiguille et noue une extrémité en bas à gauche au premier fil de tissage. Enfiles la première rangée de perles de rocaille sur l'aiguille, pour la répartition des couleurs (v. la photo) ou selon ton envie.

2 Guide le fil avec les perles de rocaille sous la trame, presse les perles avec les doigts dans les interstices des fils. Pique avec l'aiguille à partir du côté droit à travers toutes les perles de rocaille. La trame doit se trouver sous l'aiguille. Fais sortir l'aiguille de l'autre côté. Enfile ensuite le prochain rang.

Pour les colliers, il suffit d'enfiler les perles et l'autre bracelet.

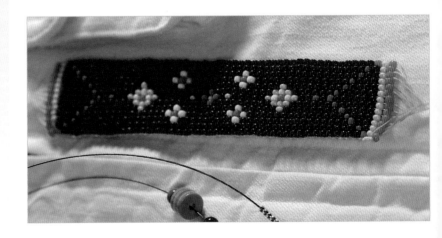

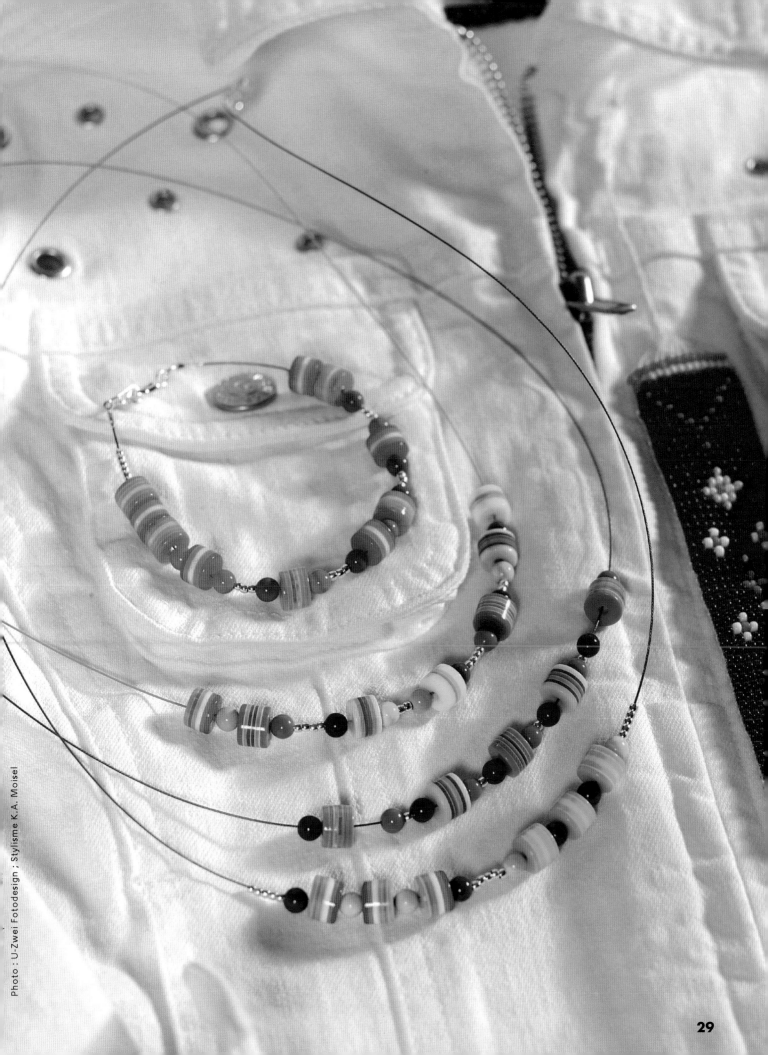

MON ANIMAL FÉTICHE

Que dirais-tu de réaliser en bois les motifs de tes propres dessins ? Ici notre créatrice en herbe a donné vie à son petit chat préféré.

Photo : Phovoir

1 Pose du papier-calque sur le motif de la planche à loisirs et décalque-le. Retourne le calque et repasse le crayon sur tous les tracés.

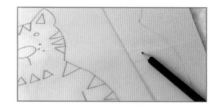

2 Pose cette seconde face du calque sur la fine plaque de contreplaqué. Repasse le crayon sur les contours du chat pour qu'ils s'impriment dans le bois. Découpe le chat avec la scie, selon ses contours extérieurs, puis ponce les chants du bois avec le papier de verre.

3 Peins tout le chat avec ta couleur préférée. Laisse bien sécher. Repose ensuite le calque en faisant bien correspondre le tracé du contour avec les bords du bois, puis repasse le crayon sur tous les tracés intérieurs, pour les reporter sur le bois.

4 Peins les poils, le visage et les lignes avec de la peinture foncée. Laisse sécher. Peins les surfaces claires en laissant visibles les traits du pinceau (aide-toi de la photo). Peins les oreilles dans une couleur plus claire. Ajoute des points blancs sur les yeux et le nez. Laisse sécher. Applique le vernis sur tout le chat.

5 Fais-toi aider d'un adulte pour percer les trous des moustaches. Enroule le fil de fer en spirale autour du crayon, ressors-le, puis déroule du rouleau un morceau de fil de fer un peu plus long, pour la seconde moustache. Coupe ce fil tout près du rouleau. Pour le détacher, enfile-le sur l'endroit du visage dans le premier trou jusqu'à la spirale, puis passe-le dans le second trou pour le ressortir sur l'endroit. Enroule ce fil à partir du trou en spirale sur le crayon. Recoupe le fil juste après la dernière spirale.

6 Fais percer les trous des vis dans la plaque du socle. Peins le socle en blanc et le tasseau d'appui dans une couleur assortie. Laisse sécher. Vernis ces deux pièces de bois. Colle le tasseau d'appui au bas du chat, au dos. Laisse sécher la colle. Visse le socle dans le tasseau.

planche à loisirs page 58

MON DESSIN EN PUZZLE !

Voici une belle idée de cadeau à offrir à tes meilleurs amis ou tes frères et sœurs. Ton dessin reconstitué durera très longtemps.

Photo : Phovoir

1 Peins le cadre du puzzle de ta teinte préférée. Décalque le motif au crayon à papier, avec le papier-calque. Pose le calque en retournant la face sur laquelle tu as tracé contre le puzzle en bois (nous avons dessiné le motif en miroir sur la planche, il est donc nécessaire que tu retournes le calque pour que le dessin soit à l'endroit). Repasse le crayon sur tous les tracés. Enlève la feuille de papier-calque : ton dessin est maintenant tracé sur les pièces de bois du puzzle.

2 Peins ton dessin avec les couleurs de ton choix et sois raisonnable dans la quantité de peinture, pour qu'elle ne coule pas entre les pièces de bois.

Photo : U-Zwei Fotodesign ; Stylisme K.A. Moisel

ARTISTES ANIMALIERS

Tu as peut-être déjà vu des adultes réaliser de tels motifs en relief. La technique est toute simple et donc à ta portée. Nous avons choisi des motifs rien que pour toi.

Photo : Phovoir

CE QU'IL TE FAUT

- Toile sur cadre Solo Goya, 20 x 20 cm, Art. 52020, et 30 x 20 cm, réf. 52030
- Peinture acrylique Solo Goya réf. «Acrylic Basic» dans tes couleurs préférées
- Pâte 3D Solo Goya, réf. 85905
- Gel structuré Solo Goya brillant, réf. 87105
- Couteau à peindre et pinceau
  Le tout de C. Kreul
- Papier-calque ; feutre ; crayon à papier ; ciseaux ; cutter
- Plaque de mousse cellulaire auto-adhésive (en boutique de loisirs créatifs) ; spatule ; ruban de masquage adhésif

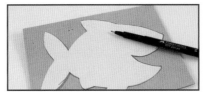

1 Décalque le motif avec le papier-calque. Découpe le calque selon les contours du motif. Pose le motif en le retournant contre la pellicule papier de la plaque de mousse pour que le poisson regarde vers la gauche. Trace les contours du motif sur la plaque de mousse avec le feutre.

2 Évide la mousse en recoupant au cutter selon les contours du motif, puis retire la pellicule papier de la plaque de mousse et colle-la sur le cadre. Pour renforcer ce collage, fixe les bords de la plaque de mousse avec des bandes de ruban adhésif de masquage sur le support.

3 Avec la spatule, étale la pâte 3D à l'intérieur du motif évidé, de façon à couvrir entièrement la zone d'une couche épaisse (aide-toi de la photo).

4 Pour obtenir une surface lisse, fais glisser la spatule à plat sur le dessin, en veillant à ne pas appuyer. Remets la pâte qui colle à la spatule dans le pot. Trace avec le couteau à peindre la ligne de séparation entre la tête et le corps.

5 Retire les bandes de ruban de masquage, puis décolle avec précaution la plaque de mousse.

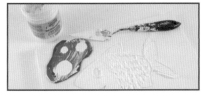

6 Pour les bulles d'air, prépare un autre gabarit en plaque de mousse. Découpe la plaque autour des bulles de façon à ce que tu puisses la poser sans qu'elle touche le poisson. Comme pour le poisson, applique la pâte 3D sur les bulles. Sers-toi du couteau à peindre pour lisser la pâte. Retire le gabarit. Avec le couteau à peindre, dessine les écailles et les traits des nageoires.

7 Laisse sécher le motif en relief une nuit complète. Pour le fond du motif, teinte le gel structuré de la couleur de ton choix et applique-le au pinceau.

8 Tu peux maintenant peindre le motif entier avec les couleurs acryliques, selon les teintes de ton choix. Laisse bien sécher. Applique une couche de gel structuré sur toute la surface de ton motif : cela lui donnera du brillant et le protégera.

planche à loisirs page 59

Photo : U-Zwei Fotodesign ; Stylisme K.A. Moisel

À LA BASSE-COUR

Cette poule est fabriquée dans une pâte à modeler qui durcit à l'air. Cela ne te prendra pas beaucoup de temps, ce qui te permettra de faire d'autres animaux.

Assemble les éléments comme indiqué ci-dessus.

CE QU'IL TE FAUT

- Argile à modeler Makin's Clay en blanc, rouge, jaune, bleu
- Rouleau et set de coupe Makin's Brand, réf. 117918/ 1030
- Ruban à carreaux étroit Le tout de Kars
- Cure-dent ; ciseaux
- Papier-calque ; feutre indélébile noir

1 Décalque les éléments ci-dessous tracés en grandeur réelle, sur le papier-calque : la patte 1 fois, l'aile 1 fois, la queue, les caroncules, la crête. Découpe tous les éléments selon leur contour exact.

2 Étale les pâtes Makin's Clay blanche et rouge en plaques d'une épaisseur d'environ 4 mm, pose les éléments découpés sur les plaques. Découpe-les selon leur contour. Découpe l'aile et la patte deux fois chacune. Forme une grosse boule pour le corps, puis donne-lui une forme allongée. Forme une petite boule pour la tête.

3 Pour les jambes, forme deux gros boudins blancs et deux boudins plus petits rouges. Vérifie leur longueur et leur largeur en posant les boudins de pâte à modeler sur le croquis ci-dessous. Pose la tête sur le corps, appuie-la (pas trop fort) pour la fixer. Pose la crête, la queue, les ailes. Forme deux petites boules bleues pour les yeux, aplatis-les, pose-les sur la tête, puis forme et pose deux petites boules blanches sur les yeux.

4 Pour fixer chaque jambe, coupe un cure-dent en deux, enfonce un des morceaux dans chaque boudin de pâte blanche : il doit ressortir de chaque côté. Puis, enfonce une extrémité de chaque cure-dent pour fixer les jambes à la partie inférieure du corps.

5 Pose ensuite les pattes à une extrémité des boudins de pâte rouge, puis pique l'autre extrémité des cure-dents dans les boudins rouges (regarde le croquis à gauche).

6 Pour le bec, forme un petit boudin de pâte jaune, donne-lui une forme pointue à une extrémité, fixe l'autre extrémité à la tête. Laisse sécher la poule. Fais un point noir au feutre, pour la pupille des yeux.

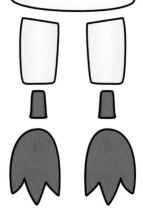

Tous les éléments, dans leur taille réelle.

NŒUDS DE-CI, DE-LÀ

Petit effort, grand effet, pour ces fleurs aux tons acidulés.

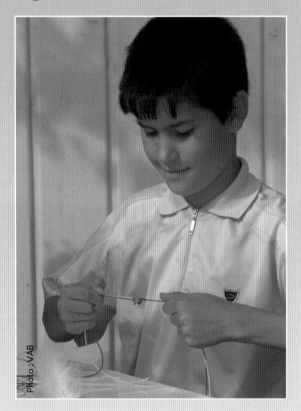

Photo : VAB

Astuce :

Au lieu d'acheter le socle, prends un bloc en bois peint de ta boîte de jeu.

1 Pour la première couronne de pétales de la fleur, fais 9 nœuds tour mort sur l'anneau selon les fig. A à E ci-dessous, en laissant env. 2 cm d'écart entre les nœuds et en formant une boucle de 1,5 cm pour chaque pétale. Laisse pendre en début et fin environ 10 cm de fil. Pour fermer le premier pétale, glisse le fil dans le 1er nœud.

2 Fais la seconde couronne de pétales de la même manière en formant avec le second fil à nouveau 9 nœuds tour mort entre les nœuds de la première rangée de pétales, selon la fig. F. Les extrémités de fils qui pendent serviront de fils de passe.

3 Enroule le milieu du fil vert par le devant juste sous la fleur, autour des fils. Fais un nœud simple pour la fixer.

4 Puis, pour la tige, fais un nœud tissé de 2,5 cm avec les fils verts selon les deux schémas à droite de cette page et, pour que la tige soit bien rigide, tisse un fil de fer en même temps que les fils de passe. Continue les nœuds tissés. Pour les feuilles, forme une boucle d'environ 2 cm à droite et à gauche de la tige, puis continue à tisser les nœuds.

5 Pour arrêter, passe un des fils verts 1 fois autour des autres fils, puis glisse son extrémité par le haut dans le laçage. Tire fort pour bien arrêter les fils.

6 Perce un trou au milieu du socle en bois, ponce les bords avec le papier de verre. Peins le socle. Laisse sécher. Enfile les extrémités de fil et de fil de fer dans le trou, retourne le socle et recoupe-les.

LE NŒUD TISSÉ

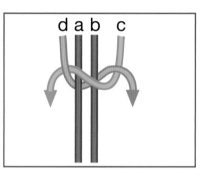

- Pour le réaliser, il faut un à deux fils de passe (a + b) ainsi qu'au moins un fil de nouage à droite et à gauche (c + d).

Fais d'abord un demi-nœud : passe le fil c horizontalement par-dessus les fils b + a, le fil d par-dessus le fil c, sous a + b, puis entre b et c.

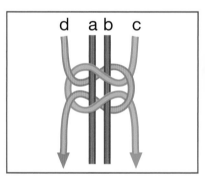

- Fais le second demi-nœud en sens inverse, en débutant à nouveau avec le fil c. Le nombre de nœuds tissés à réaliser est décompté sur les arceaux latéraux.

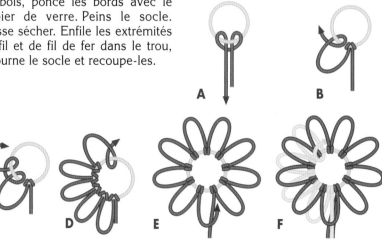

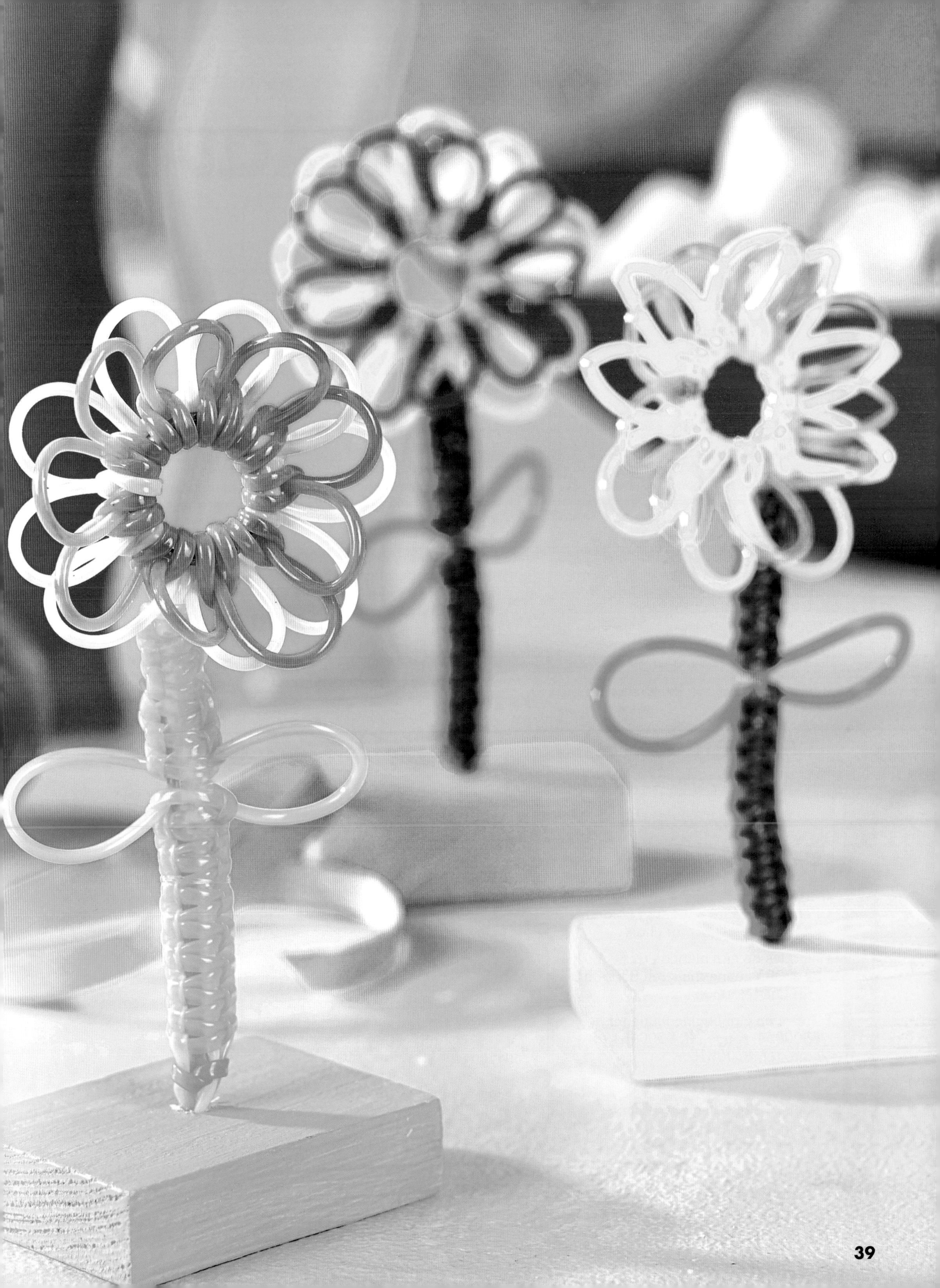

BOUGIES DE PÂQUES

Tu vas épater tes grands-parents et tous les membres de ta famille quand ils sauront que c'est toi qui as confectionné la déco de table !

Photo : Phovoir

Idée :

Pour les décors à coller sur les bougies, tu peux également utiliser des emporte-pièces de pâtissier. Il en existe un grand nombre, avec des motifs comme des papillons ou des petits lapins.

CE QU'IL TE FAUT

- Moules pour bougies : boule Ø 6,5 cm et 8 cm et cylindre au choix ; mèche à bougie ronde
- Lentilles de cire à fondre ; colorant pour cire, couleurs au choix
- Plaques de cire blanche réf. 8305005, jaune maïs réf. 8305064 et rouge réf. 8305153
- Tubes de cire liquide jaune réf. 8300054, rouge réf. 8300151 et noire réf. 8300615

  Le tout de KnorrPrandell
- Papier-calque ; crayon à papier ; ruban adhésif ; cure-dent ; ciseaux
- Vieux pot avec bec verseur ou verseur spécial réf. 8299900 de KnorrPrandell

1 Mets les pastilles de cire dans le verseur spécial, place-le dans une casserole d'eau (si tu utilises un pot de ton choix à la place du verseur, veille ce qu'il puisse supporter la chaleur du bain-marie). Fais fondre les pastilles, puis ajoute le colorant. Au besoin, fais-toi aider d'un adulte pour cette étape de travail. Coupe environ 15 cm de mèche à bougie ronde, trempe une extrémité de mèche dans la cire liquide, laisse refroidir. Enroule du ruban adhésif à l'autre extrémité de la mèche, pour pouvoir l'enfiler plus facilement dans le trou du moule. Ouvre le moule, enfile la mèche jusqu'à ce que l'extrémité enduite de cire apparaisse au fond.

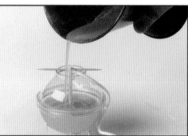

2 Referme le moule. Tends la mèche à la verticale, enroule son extrémité supérieure autour du cure-dent. Pose ce dernier horizontalement sur le dessus du moule. Verse lentement la cire liquide dans le moule. Attention : le récipient dans lequel se trouve la cire liquide est très chaud, prends-le avec une manique ! Au besoin fais verser le liquide dans ton moule par un adulte. Laisse refroidir et durcir la bougie. Sors la bougie du moule. Recoupe la mèche qui dépasse au fond de la bougie.

3 Décalque les éléments du poussin au crayon à papier. Retourne le calque, pose sa face dessinée sur les plaques de cire de la bonne couleur (aide-toi de la photo pour les coloris). Repasse sur les tracés du motif : il est maintenant reporté sur les plaques de cire. Découpe les éléments en cire aux ciseaux, puis détache la pellicule de protection. Chauffe le corps du poussin entre tes mains, pose-le sur la bougie et appuie pour le coller. Procède ainsi pour tous les éléments.

4 Avec les tubes de cire liquide, peins les détails du poussin : œil, bec et pattes. Laisse sécher.
Tu peux coller les motifs sur différentes bougies que tu as faites ou achetées. Placées sur une assiette, elles feront une déco sympa.

planche à loisirs page 59

LES MALLES AUX TRÉSORS

Ces petites boîtes sont idéales pour conserver tes objets fétiches.

Photo : Phovoir

CE QU'IL TE FAUT

- Malle 18 x 12 x 10 cm, réf. 6165100 et boîte à crayons 22 x 8,5 x 3,5 cm, réf. 6165300, en panneaux de fibre de bois

- Peinture DecoArt dans tes couleurs préférées

- Miroirs shisha bordés de crochet, réf. 55015

Le tout de Rayher Hobbykunst, en boutique de loisirs créatifs

- Pinceau plat ; pinceau à pochoir ; colle UHU ; ciseaux ; cure-dent ; papier-calque ; reste de carton photo, pour le gabarit

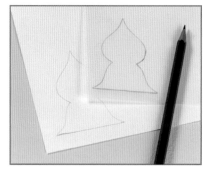

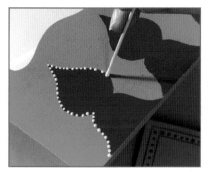

1 Décalque le motif de la planche à loisirs sur le papier-calque. Pose la face tracée du calque sur le carton photo et repasse sur les contours pour qu'ils s'impriment sur le carton. Évide l'intérieur du carton selon les contours du motif ; il te servira de gabarit.

3 Pour les petits points sur le pourtour, trempe un cure-dent dans la peinture blanche. Peins les points un à un sur les contours du dessin. Nous avons également dessiné des points rouges sur le couvercle de la malle.

2 Peins la malle et la boîte, chacune dans ta couleur préférée. Laisse sécher. Pose le gabarit à un emplacement de ton choix sur la malle et la boîte. Applique la peinture en tamponnant avec le pinceau à pochoir. Procède comme suit : verse un peu de peinture dans une assiette (choisis un coloris contrastant avec la couleur de l'objet), trempe le pinceau, éponge-le sur un papier ou un chiffon pour ne conserver qu'un peu de peinture, tamponne et couvre bien toute la surface évidée du gabarit. Laisse sécher.

4 Laisse sécher. Colle les miroirs shisha sur les objets. Ta déco est terminée !

planche à loisirs page 60

42

BIJOUX-FLEURS

À l'époque des hippies, ces bijoux auraient ravi plus d'un jeune, avec les fameuses fleurs bien voyantes, par leurs tailles comme par leurs couleurs.

Photo : VAB

1 Étale au rouleau chaque pâte Fimo sur la plaque en verre, pour obtenir une plaque de 2 mm d'épaisseur. Pose les plaques de pâte deux par deux l'une sur l'autre, pour pouvoir les désolidariser une fois les motifs découpés.

2 Décalque les fleurs de la planche à loisirs, sur le papier-calque, découpe ces motifs. Tu peux aussi découper les fleurs de la planche. Pose ces gabarits sur les plaques bicolores. Découpe-les au couteau. Il te faut en tout : pour le bracelet 6 fleurs moyennes de différentes couleurs, pour la bague 1 fleur moyenne, pour les pendants d'oreilles ou les boucles d'oreilles 2 petites fleurs, pour le collier 1 grosse fleur.

3 Pour chaque fleur, appuie pour bien coller les deux plaques de couleur ensemble, puis lisse les bords avec l'ébauchoir. Sépare le restant des plaques.

4 Roule ces restes de pâte Fimo séparément pour obtenir à nouveau des plaques d'environ 2 mm d'épaisseur. Pose-les les unes sur les autres.

5 Enroule cette plaque quadricolore en un rouleau pour obtenir des motifs en spirale en le coupant en rondelles. Si tu enroules la plaque serrée, tu obtiendras des rondelles fines pour le cœur des petites et moyennes fleurs. Coupe deux rondelles fines par fleur, pose-les sur le devant et le dos des fleurs au centre, appuie.

6 Pour le bracelet, perce six fleurs moyennes d'un trou qui les traverse horizontalement avec la grosse aiguille. Pour le collier et les pendants d'oreilles, perce seulement un trou dans un pétale. Pose toutes les fleurs sur la plaque de verre et place-la dans le four (130°C) pendant environ 30 min. Les fleurs doivent avoir durci. Sors la plaque du four, laisse refroidir à température ambiante.

7 Pour le bracelet : enfile les fleurs sur un fil élastique. Noue les extrémités de fil ensemble. Si tu as choisi de percer les pétales de fleurs, procède ainsi : relie chaque fleur par un fil élastique et nou- le.

8 Pour le collier, enfile la grosse fleur sur le ruban de caoutchouc. Enfile les extrémités de fil dans l'œillet de serrage des éléments du fermoir. Ecrase les œillets avec la pince. Pour les pendants d'oreilles, enfile les crochets de pendant sur un fil élastique, enfile la fleur, noue le fil à la longueur souhaitée.

9 Pour les boucles d'oreilles et la bague : colle une fleur sur chaque bijou avec la colle UHU Plus, en suivant bien les explications du fabricant. Au besoin, faistoi aider d'un adulte.

planche à loisirs page 61

LAMPES NOUNOURS

Tu as sans doute déjà goûté ces petits bonbons en gomme. Les voici immortalisés sur un papier chargé de diffuser une lumière douce dans ta chambre.

Photo : Phovoir

1 Décalque les motifs de la planche à loisirs sur le papier-calque. Pose la face dessinée du calque sur le carton photo blanc. Repasse sur les tracés pour que le dessin s'imprime sur le carton. Découpe le carton selon le contour des éléments du motif. Pour pouvoir évider l'intérieur des cercles, coupe les languettes selon le tracé central, jusqu'au cercle, puis découpes-en l'intérieur. Ces pièces te serviront de gabarits.

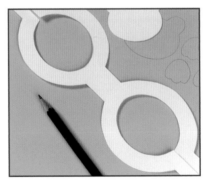

2 Avec ces gabarits, reporte les éléments du motif sur le carton photo de la couleur que tu as choisie. Par lampe, et donc par couleur, trace 1 fois le corps, 2 fois la tête et 8 fois les pattes. Découpe tous ces éléments.

3 Derrière les deux éléments du corps, colle un cercle de papier-calque nounours. Plie le corps selon les pointillés tracés sur le modèle du motif, colle les languettes ensemble. Pour pouvoir glisser les ampoules plus facilement à l'intérieur, fais deux petites entailles dans le milieu des languettes. Dessine les détails de la tête et des pattes au feutre noir.

4 Colle les têtes et les pattes sur les deux faces du corps. Glisse avec précaution les petites ampoules du kit à l'intérieur des nounours, par les fentes.

planche à loisirs page 60

46

Photo : U-Zwei Fotodesign ; Stylisme K.A. Moisel

LA RONDE DES POULES

Le feutrage, une activité vrai- ment amusante à ta portée, quel que soit ton âge.

Photo : Phovoir

1 Fais fondre une demi- cuiller de savon à l'hui- le d'olive finement râpé dans un demi-litre d'eau très chaude. Verse une partie de ce liquide dans le vaporisateur. Au besoin fais-toi aider d'un adulte. La solution savonneuse doit être aussi chaude que tes mains peuvent le sup- porter. Détache de l'écheveau de laine une mèche de fibres, pose- la sur l'œuf plastique, dans sa hauteur. Recou- vre ainsi tout l'œuf. Vaporise la solution savonneuse sur les fib- res de laine, presse-les avec les mains sur l'œuf.

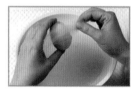

2 Pose d'autres mèches de laine horizontalement autour de l'œuf en les faisant se chevaucher, de façon à couvrir toute la surface. Passe l'œuf alternativement d'une main dans l'autre et frot- te-le du bout des doigts sans appuyer, de façon à densifier un peu la laine. Ajoute d'autres couches de laine d'a- bord verticalement, puis horizontalement.

3 + 4 Entre chaque couche ajoutée, vapo- rise la solution savon- neuse bien chaude et frotte les fibres avec les doigts, en douceur. C'est ce qui permet de soli- dariser les fibres entre elles et donc de feutrer la laine.

5 Après 6 – 8 couches, tu as obtenu une épais- seur suffisante. Mainte- nant, frotte l'œuf entre tes mains, d'abord douce- ment puis en appuyant de plus en plus fort. Roule ensuite l'œuf entre tes mains dans tous les sens, en appuyant bien jusqu'à ce que le feu- trage soit très dense.

6 Rince l'œuf dans une eau additionnée de quelques gouttes de vinaigre blanc (deman- de à un adulte de verser le vinaigre). Puis laisse sécher l'œuf.

7 Une fois l'œuf sec, recoupe les couches de feutre au milieu, hori- zontalement sur le pour- tour de l'œuf.

8 Décalque les motifs sur le papier-calque : bec, aile, queue, crête et pattes.Découpe les motifs décalqués. Pose les motifs sur les feutri- nes de la bonne couleur, reportes-y les contours au crayon. Découpe les motifs à l'intérieur des tracés, de manière à ce que le crayon ne soit plus visible.

9 Couds les éléments en feutrine et les yeux par quelques points avec du fil de la même couleur sur les demi- œufs, comme sur la photo.

planche à loisirs page 61

Photo : U-Zwei Fotodesign ; Stylisme K.A. Moisel

page 14

1 - Blanc
2 - Rose
3 - Bleu marine
4 - Gris
5 - Brun clair

Agrandir à 200%

Plan de coupe

ange gardien

Agrandir à 200%

page 22

planches à loisirs

PETITE EXCURSION

page 24

MON DESSIN EN PUZZLE !

page 32

Agrandir à 200%

page 26

Agrandir à 110%

page 34

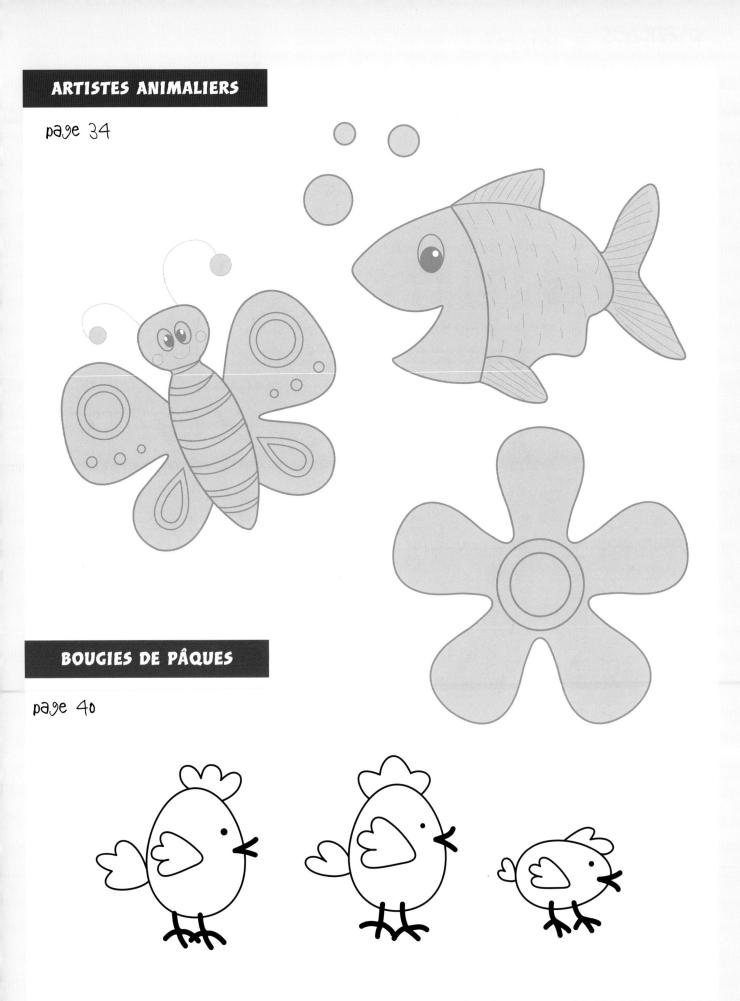

page 40

LAMPES NOUNOURS

page 46

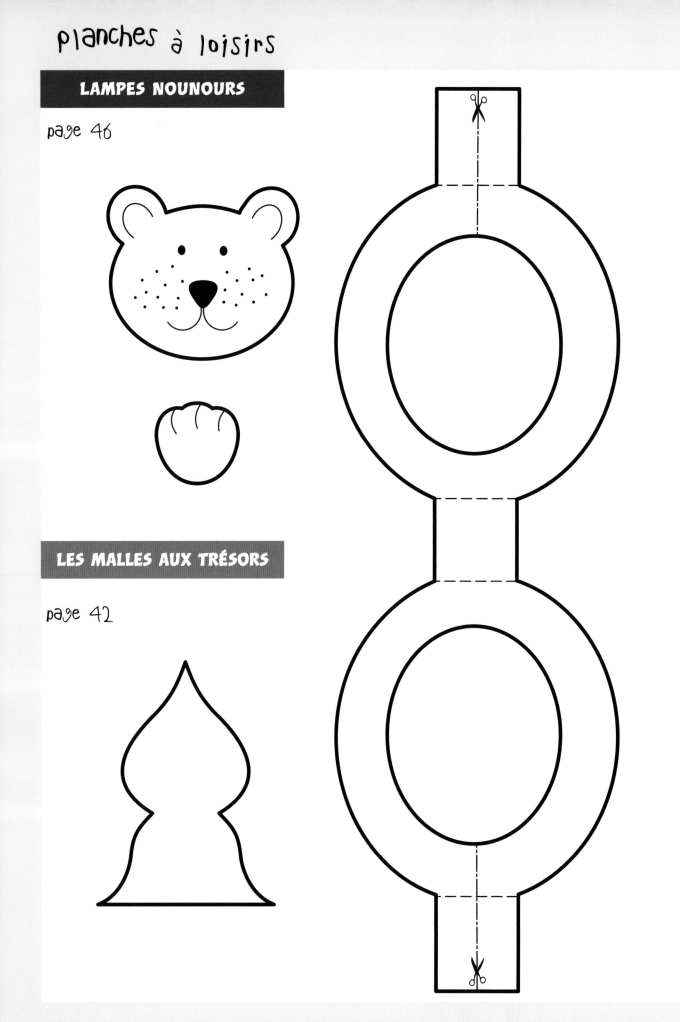

LES MALLES AUX TRÉSORS

page 42

page 48

LA RONDE DES POULES

page 48

BIJOUX-FLEURS

page 44

Infos pratiques

Les coordonnées des marques indiquées ci-dessous vous permettront
de trouver les distributeurs les plus proches de chez vous.

DMC 13, rue de Pfastatt, 68057 Mulhouse, Internet : www.dmc.com/fr

Edding France 5 Rue Etienne Dolet, 93400 Saint Ouen, tél. : 01 40 10 02 37, fax : -80 68, info@edding.fr

Eberhard Faber chez DTM Travaux Manuels, tél. 02 47 94 60 60, fax : — 44 10, www.dtm.fr

Glass Hobby Design Ulmer Straße 34, D-88471 Laupheim, tél. : 0049 7392/964330, fax : -59 ; www.glass-hobby-design.de

Grimas, Postbus 3240, NL-2001 De Haarlem, www.grimas.nl (site en français)

Gütermann 57, Avenue Pasteur, B. P. No. 6, 93260 Les Lilas, tél. : 01 43 62 08 14, fax : -06 70, www.guetermann.com

Heyda-Werk Postfach 600322, D-58139 Hagen, tél. : 0049 2331/397120, fax : -29, www.heyda.de

IKEA infos consommateurs 0825 826 826, www.ikea.fr

Kars 4, rue Thomas Mann 67200 Strasbourg, tél. 03 90 20 17 80, fax : -85, www.kars.nl

KnorrPrandell chez Gütermann, 57, avenue Pasteur, B. P. No. 6, 93260 Les Lilas, tél. : 01 43 62 08 14, fax : -06 70, www.bastelideen.com

C. Kreul chez Lyra France, Rue des Tisserands — B.P.15, 57145 Woustviller, tél. : 03 87 98 19 07, fax : -3475, lyra-france@wanadoo.fr

Marabuwerke, chez Marabu, 16/20 rue Marcel Dassault 93141 Bondy Cedex, tél. 01 48 02 73 73, fax 01 48 02 43 19, kh@marabu.fr

Marianne Hobby chez Lyra France, rue des Tisserands, BP 15, 57145 Woustviller, tél. 03 87 98 19 07, fax 03 87 95 34 75

Opitec France 64, rue Defrance 94307 Vincennes Cedex, tél. 01 49 57 50 56, fax 01 49 57 05 24, www.fr.opitec.com

Pfaff et Husqvarna Viking tél. 01 49 38 91 11, www.pfaff.com et www.husqvarnaviking.de

Prym chez Eclair Prym France, BP 454, Route de Rouen 27304 Bernay, tél. 02 32 47 31 73, fax 02 32 45 73 57

Rayher Hobby tél. 0049 7392 70050, autres points de vente au 08 90 71 00 67, www.rayher-hobby.de

Reeves chez ColArt Deutschland, Gutenbergstraße 4, D-63477 Maintal, tél. : 0049 61 09/76 46 60, fax :-89, www.quadratologo.de

Schminktopf Tullastraße 38, D-79108 Fribourg, tél. : 0049 761/500433, fax : -46, www.schminktopf.de

UHU grande distribution et papeteries

Waco voir KnorrPrandell

Wehrfritz August-Grosch-Str. 28 – 38, D-96476 Bad Rodach, tél. : 0049 9564/929-0, fax :-224, www.wehrfritz.de

Westfalenstoffe Albrecht-Thaer-Str. 2 D-48147 Münster, tél. 0049 251 928 050